NOTICE

SUR LE DOCTEUR

Augustin PLEINDOUX

PAR

M. LE Dr ALBERT PUECH,

Médecin adjoint du Lycée de Nimes, Membre de l'Académie du Gard, de
l'Académie des Sciences et Lettres de Montpellier, de la Société
de Médecine de Bordeaux, de la Société des Sciences
médicales et naturelles de Bruxelles.

———※———

NIMES

TYPOGRAPHIE CLAVEL-BALLIVET

12 — RUE PRADIER — 12

——

1876

NOTICE

SUR LE DOCTEUR

AUGUSTIN PLEINDOUX

PAR

M. LE Dr ALBERT PUECH,

Médecin adjoint du Lycée de Nimes, Membre de l'Académie du Gard, de
l'Académie des Sciences et Lettres de Montpellier, de la Société
de Médecine de Bordeaux, de la Société des Sciences
médicales et naturelles de Bruxelles.

NIMES

TYPOGRAPHIE CLAVEL-BALLIVET

12 — RUE PRADIER — 12

1876

NOTICE

sur le docteur

Augustin PLEINDOUX

Malgré la continuité de leurs efforts, la persévérance de leurs labeurs, les médecins ne laissent
pas trace de leur passage ici-bas. Le caractère
privé de leurs actes, les circonstances délicates, ou
tout au moins ennuyeuses, dans lesquelles leur
intervention est réclamée, les condamnent à une
extrême réserve, voire même au silence, et les obli-
gent à dérober au public les plus beaux de leurs
titres ; aussi, quand, par la force des choses, leur
vie entremêlée de succès et de revers atteint son
terme, ils meurent tout entiers.

Il y a pourtant des exceptions.

A certaines époques apparaissent des hommes

qui, servis à la fois et par les circonstances et par leurs talents, dépassent vite leurs émules, conquièrent sans partage la faveur publique, et méritent de voir leur nom inscrit dans l'histoire scientifique du temps.

M. Pleindoux est du nombre de ces privilégiés.

S'il a dû à des circonstances particulières d'être chirurgien en chef de l'Hôtel-Dieu à un âge où l'on quitte à peine les bancs de la Faculté, ses qualités lui ont fait acquérir une fortune rapide, tandis que ses efforts journaliers le maintenaient au premier rang. Pendant le demi-siècle qu'il a été placé à la tête de notre hôpital, la chirurgie a marché; mais, marchant avec elle, il s'est tenu au courant de ses progrès, et n'a jamais déchu dans l'estime de ses concitoyens.

Le soin de retracer sa vie m'a été confié, en vertu d'un pieux usage, par l'Académie : l'honneur de ce mandat ne saurait me faire oublier les difficultés de l'entreprise; aussi, pour la mener à bonne fin, ai-je eu besoin, Messieurs, de compter sur toute votre indulgence (A).

I

Augustin Pleindoux est né, le 11 frimaire de l'an IV (2 décembre 1795), à Barbentane, bourg situé dans l'arrondissement d'Arles, au confluent de la Durance et du Rhône. Son grand-père maternel, Claude Mourret, y pratiquait la chirurgie avant d'être nommé juge au tribunal de première instance de Tarascon; quant à son père, Alexandre

Pleindoux, il n'avait alors d'autre privilége que celui de ses vingt ans.

Avec la naissance de ce fils, qui devait être plus tard son orgueil, commença pour le jeune chef de famille une vie nouvelle. Il rompit avec son passé de désœuvrement et s'occupa sérieusement d'acquérir une position. Il n'en trouva pas de plus belle que celle de son beau-père, et guidé par ses conseils, éclairé de ses exemples, inspiré par la méditation des livres de sa bibliothèque, il s'improvisa chirurgien.

La Révolution, qui n'avait rien respecté, pas même les inoffensives Facultés de médecine, permettait cette licence, et plût à Dieu qu'elle n'en eût pas autorisé d'autres ! Au reste, le jeune chirurgien faisait tous ses efforts pour se concilier l'estime de ses compatriotes ; et quand le retour de l'ordre mit fin à ce qu'on a appelé l'anarchie de la médecine, il ne fut pas des derniers à régulariser sa situation forcément anormale. Le nouveau docteur continua à pratiquer à Beaucaire ; mais, après quelques années, trouvant ce théâtre trop restreint, et désireux de compléter l'éducation de ses fils, il vint s'établir dans notre ville. En 1810, il se partageait avec mon grand-oncle, le docteur Louis Montagnon, le service du bureau de bienfaisance, et était, à s'en référer à l'*Annuaire du Gard* de l'époque, plus spécialement chargé des cas chirurgicaux. C'était en quelque sorte un trait d'union entre le passé et le présent. Tous les renseignements s'accordent à le représenter comme un praticien infatigable, très-compatissant aux souffrances des malheureux, et ayant tout sacrifié pour l'éducation de ses enfants. Propagateur zélé de la pratique de la vaccine, qu'il avait introduite à Beaucaire, il a beaucoup écrit; mais sa plus belle œuvre est sans contredit son fils aîné (B).

L'éducation de ce fils fut son œuvre de prédilection, celle à laquelle il consacra tous ses soins, et c'est aussi celle qui assurera son souvenir.

L'enfant ne voulut pas d'autre maître, et quand, après avoir fait ses humanités et avoir obtenu le grade de bachelier ès-lettres, il dut s'éloigner de son mentor, il continua à réclamer ses conseils.

L'Ecole de médecine de Montpellier était alors dans tout l'éclat de sa gloire et poursuivait le cours de ses travaux pacifiques au milieu de la guerre et des troubles politiques amenés par la chute de l'Empire, les Cent-Jours, la première et la seconde Restauration. La jeunesse d'alors était trop française pour rester témoin impassible de ces divers changements; mais du moins elle ne désertait pas les cours et ne se réunissait pas tumultueusement dans les clubs, comme nous l'avons vu trop souvent de nos jours. Elle aimait assurément la liberté, mais elle ne la confondait point avec la licence. Comprenant le prix du travail et la valeur du temps, elle ne délaissait ni l'amphithéâtre, ni l'hôpital, ni la bibliothèque; et, dans sa hâte de s'instruire, elle oubliait ses préoccupations patriotiques pour se presser en foule autour de la chaire des professeurs.

Fils d'un père libéral, M. Pleindoux ne restait pas absolument étranger aux émotions de la jeunesse au milieu de laquelle il vivait; mais, fils d'un père travailleur, il eut à cœur de se distinguer surtout par son assiduité aux leçons et la constance de son labeur quotidien. Pénétré de l'importance des études anatomiques et du rôle prépondérant qu'elles jouent dans la pratique de la médecine, il venait le premier à la salle de dissection et était le dernier à la quitter. Cette conduite eut sa récompense : dans l'année 1814, il était nommé premier élève de l'école pratique d'anatomie et d'opérations chirurgicales , et, à l'expiration de l'année 1815, il était désigné pour suppléer l'aide anatomiste.

Ces études préliminaires étaient une excellente préparation à la pratique; aussi quand il eut acquis l'habileté manuelle que donnent les dissections cadavériques, l'Hôtel-Dieu Saint-Eloi devint son séjour de prédilection. Il trouvait auprès des malades l'occasion d'appliquer ses notions théoriques ; il s'y exerçait à reconnaître l'organe souffrant et y acquérait une telle habileté qu'en 1817 il était nommé chef de clinique médicale. Cette position, une des plus importantes à laquelle puisse être appelé l'étudiant, avait, entre autres avantages, celui de le familiariser avec la pratique des grands médecins qui se partageaient les salles de l'Hôtel-Dieu : obligé de faire l'examen préalable du malade, de soumettre son diagnostic au chef de service , il devenait son collaborateur intime et se préparait des succès pour l'avenir.

La part qu'il prenait au service médical, quelque importante qu'elle fût, n'absorbait pas tout son temps et, à l'occasion, il savait se dérober aux exigences de sa position pour venir assister aux opérations de Delpech. Sous un tel maître, il se prenait d'enthousiasme pour la chirurgie et appelait de tous ses vœux le moment où il pourrait marcher sur les traces du grand chirurgien.

Grâce à la sollicitude paternelle, ce moment si désiré ne tarda pas à arriver. Non content de parler de son fils, d'entretenir ses amis de ses espérances, d'exalter les succès de l'étudiant, le père s'ingénia à lui procurer des occasions de briller aux yeux du public. Ainsi que cela a été dit ailleurs (1), les circonstances étaient on ne peut plus favorables à ce dessein. Aussi, le jeune chef de clinique médicale faisait-il de fréquentes excursions à Nimes pour y montrer son habileté chirurgicale. Les vacances scolaires étaient surtout utilisées à cette fin, et une presse bienveillante enregistrait le souvenir de ces débuts précoces. Tel jour, il extirpait un sein cancéreux ; tel autre, il pratiquait la taille, etc., etc. Bref, grâce à la complaisance paternelle, l'étudiant n'en était plus à faire ses preuves, quand arriva le moment de soutenir sa thèse (C).

Cette dissertation nous le montre sous un jour tout nouveau. Au lieu d'y exposer ses vues personnelles sur un point circonscrit de pathologie ou d'y raconter quelques-uns des faits qu'il avait recueillis pendant son clinicat, il s'y livre à des considérations générales sur la philosophie expérimentale, sur les qualités du médecin observateur et sur les objets qui doivent entrer dans la rédaction d'une observation. Enfin, en terminant, il étudie l'analyse, l'analogie et l'induction,

____

(1) *Notice sur le docteur C. Fontaine.*

l'exclusion, les abstractions médicales et la philosophie hippocratique.

Guidé par Caizergues dans ses premières lectures, ainsi que cela ressort d'une note placée au bas de la page 29, l'auteur a subi l'influence du futur professeur ; il a esquissé à grands traits l'histoire des qualités qui distinguent l'observateur éminent, ainsi que l'histoire des méthodes qu'il doit mettre à contribution dans le cours de sa vie. On le voit, le thème n'a rien de neuf, et il a été naturellement agité à toutes les époques. Néanmoins, par la façon dont il est traité, par la manière dont il a été conçu, il n'est pas dépourvu d'un certain intérêt. Conformément au goût du jour, l'érudition y a une part exclusive, et les citations, les noms propres s'y succèdent avec une monotonie un peu fatigante, peut-être. Certes, la modestie est une précieuse qualité, mais il ne faut point en abuser. Le mot de Pascal sur le *moi* y est trop pris à la lettre ; l'auteur se dérobe à chaque instant ; sa personnalité, qui devait être plus tard si entière et si nettement accusée, est complétement effacée et s'y révèle tout au plus par un court commentaire dont voici le plus curieux spécimen :

« L'adresse n'est pas seule liée à une grande perfection dans les sens et à une sensibilité exquise ; ces deux qualités produisent encore ce qu'on entend ordinairement par *instinct*, par *tact* médical, c'est-à-dire ce merveilleux pouvoir de juger sûrement de la nature d'une maladie à l'aide de sensations que l'on ne saurait exprimer. Ce tact médical caractérise les grands praticiens ;

il leur donne une foule de connaissances non traditionnelles, ce qui fait que leur mort n'est que trop souvent une perte irréparable (1) ».

Cet essai est incontestablement l'œuvre de l'étudiant : s'il témoigne de l'excellence de ses études théoriques, il ne décèle nulle part les qualités maîtresses du futur chirurgien de l'Hôtel-Dieu (D).

II.

Le diplôme de docteur en médecine impose plus de devoirs qu'il ne donne de droits ; car le seul privilége qu'il confère est dans son exercice subordonné au choix du public. Aussi, la joie causée par la fin de longues et pénibles études est-elle pour le titulaire atténuée par les incertitudes de l'avenir. Ces préoccupations qui achèvent de dissiper les riantes illusions de l'adolescent, furent épargnées en partie au jeune docteur. Moins de deux semaines après la soutenance de sa thèse, il trouvait, dans la fille d'un pharmacien de notre ville, Mlle Moustardier, la compagne de sa vie, et, dans sa nomination comme chirurgien du Bureau de bienfaisance en remplacement de son père, le commencement d'une clientèle (E). Si la première circonstance assurait le présent, la seconde préparait l'avenir et était un acheminement vers une position plus élevée.

L'emploi, quoique assurément des plus mo-

(1) Page 22.

destes, — il était alors gratuit, — n'en était pas moins sérieusement sollicité. De même que l'avocat recherche à ses débuts les plaidoiries d'office, de même le médecin, dans des conditions identiques, recherche des malades qui lui confient le soin de leur guérison. L'un et l'autre trouvent, dans cette œuvre de charité, une récompense à leurs efforts; tous les deux peuvent à la rigueur arriver à la popularité, mais l'un y parvient plus rapidement que l'autre.

La raison de cette différence est dans la nature des services et dans la dissemblance des tempéraments. Le pauvre a rarement des procès et fréquemment des maladies; sa reconnaissance est bruyante, expansive; elle éclate comme une traînée de poudre et se propage de proche en proche. La santé est son seul bien, et celui qui le lui a rendu est pour lui le héros du jour. Son esprit ne connaît pas le doute, ne discute pas l'appréciation du voisin, et son admiration est acquise sans réserve à celui qui, par une intervention opportune, a arraché à la mort un de ses parents ou même une de ses connaissances.

M. Pleindoux obtint vite auprès des classes laborieuses une popularité de bon aloi. La justesse de son diagnostic, le succès de ses premières opérations non moins que l'aménité de ses manières, la simplicité de son langage, familier sans bassesse et imagé sans trivialité, le firent distinguer parmi ses confrères. Aussi, quand, par la mort de M. Canonge, la place de chirurgien en chef de l'Hôtel-Dieu devint vacante, il fut, sans la moindre hésitation, appelé à ce poste de confiance. L'administration d'alors (F), ne fut pas arrêtée par la considération de son âge, — il avait un peu moins de vingt-huit ans ; — elle pensa avec juste raison que celui qui, pendant cinq années consécutives, avait prodigué ses soins aux malheureux s'était acquis des titres suffisants à la faveur dont il était l'objet.

Ce ne fut pas la seule marque de confiance qui lui fut donnée à cette époque ; il en reçut une autre qui avait un prix au moins égal. En le nommant membre du jury médical, en le chargeant de visiter les officines de pharmaciens, et d'examiner annuellement les candidats au titre d'officier de santé, on rendait hommage à son savoir, et l'on témoignait, sous une autre forme, de l'estime qui était généralement accordée à ses connaissances.

Quelques années plus tard, une douloureuse circonstance lui fournit l'occasion de donner à ses concitoyens la mesure de son dévouement. Après de terribles étapes, le choléra, jusqu'alors inconnu à la France, venait de faire son apparition dans notre pays, et semant les victimes sur son passage répandait partout le deuil et la terreur. Pour compléter ses notions sur ce fléau, plus terrible que la peste du moyen âge, M. Pleindoux n'hésita pas à aller l'observer sur les lieux où il semblait avoir élu domicile. C'est dans ce dessein qu'il se rendit à Paris, en avril 1832, et passa au sein des hôpitaux quatre semaines à en étudier les diverses évolutions. Cet acte d'abnégation personnelle ne laissa pas indifférents ses concitoyens : à son retour, ils lui firent une ovation qui dut le dédommager et de ses sacrifices pécuniaires et des dangers auxquels il s'était volontairement exposé (G).

A la sollicitation de ses amis, il fit plus encore ; il consigna, dans une lettre publiée par fragments, le résultat de ses observations particulières. Le document, quoique écrit au courant de la plume, fait honneur à la perspicacité du médecin. A défaut de spécifique assuré, des conseils excellents y sont donnés, et l'importance de la période prodromique et surtout — qu'on me pardonne l'expression technique — de la diarrhée prémonitoire y est mise en relief dans les termes les plus explicites (H).

L'apparition du choléra à Nimes lui donna la triste occasion d'appliquer à ses concitoyens les connaissances qu'il avait acquises sur cette maladie. Membre du conseil municipal de la cité (I) — il avait été nommé en 1831, — il proposa des mesures hygiéniques et en recommanda l'urgente exécution ; médecin, il fit des prodiges d'activité et se multiplia. Sa clientèle, déjà considérable, s'était accrue de tous ceux qui avaient foi en ses lumières, et ils étaient tellement nombreux que, malgré sa robuste constitution, il eut peine à suffire à leurs exigences. L'abnégation du citoyen et le dévouement du médecin furent un peu plus tard récompensés par la décoration de la Légion d'honneur.

Nommé membre résidant de notre Académie (J), il lut, dans la séance du 14 mars 1840, un mémoire sur *l'Hygiène de l'enfance*. Ce mémoire nous est connu par l'analyse qu'en ont donnée les comptes rendus. Mais il porte un tel cachet d'originalité qu'on a lieu de regretter qu'il n'ait pas reçu une plus grande publicité.

Après avoir reconnu que rien ne démontre mieux l'existence d'un pouvoir suprême que les phénomènes présidant aux mystères de la génération et de la vie, il fait remarquer que l'homme, en conséquence de son développement plus élevé, présente, proportionnellement à sa taille, une vie intra-utérine beaucoup plus longue que celle de tous les autres animaux. Il entre aussi dans des détails tendant à démontrer l'amour puissant qu'éprouve la mère pour son enfant, même avant sa naissance. Les animaux eux-mêmes peuvent être cités en témoignage. Une chienne, qu'il avait ouverte avant l'époque de la parturition, se traîna mourante vers ses petits, les accabla de caresses et ne parut ressentir des douleurs que lorsque les objets de sa tendresse lui eurent été enlevés. Quand on coupe une fourmi en deux, la moitié antérieure continue à traîner les chrysalides en un lieu sûr. Les hirondelles se précipitent dans un édifice enflammé pour sauver leurs petits. « Ces faits, écrit-il, prouvent que, dans toutes les espèces, comme dans la nôtre, la mère a pour son produit un attachement indicible. C'est par lui que les parents sortent du cadre mesquin de l'individualité, pour s'élever à une existence tout entière d'abnégation, et qu'ils deviennent, pour ainsi dire, les vrais curateurs de l'humanité. Il y a tant de bonheur dans la vie de famille, tant de joie dans les soins qu'on y donne aux enfants, tant d'enchantement à voir grandir leur intelligence, à recevoir les premiers témoignages de leur reconnaissance, qu'il y a bien évidemment, dans les liens indissolubles qui unissent les parents aux enfants, un but général de conservation. En se croyant l'organe de la Providence, qui nous a donné une espèce d'éternité dans la faculté de se reproduire, l'homme acquiert toute la conscience de sa dignité, et il ne peut qu'éprouver un vif sentiment religieux en observant qu'il y a bien des choses qui resteront probablement à jamais cachées sous le voile mystérieux de la génération ».

Après ces considérations, il traite de l'éducation qui, loin d'être abandonnée au hasard ou au caprice, doit être dirigée par la raison et conformément aux exigences de l'organisation propre à l'individu qui en est l'objet. La volonté exerce une influence puissante sur les produits même de l'organisation pour les plier aux besoins de l'individu. Dans l'acte de l'allaitement, il suffit que la mère pense à son enfant pour que les mamelles se congestionnent et sécrètent du lait.

Gâté par les préjugés, l'homme se montre trop souvent sourd aux cris de la nature, et au lieu d'être un modèle d'amour, il devient un exemple de barbarie ; témoins les Chinois qui, de nos jours, exposent ou détruisent leurs enfants ; témoins les Spartiates, qui se débarrassaient de leurs enfants débiles ou difformes ; témoins les Canadiens, les Madécasses, les Hindous, qui livrent leurs enfants à la mort. Chez plusieurs peuples on se contente de les mutiler ; sous prétexte de corriger la forme des mollets, les Caraïbes les renferment dans des liens très-serrés ; les Brésiliens leur écrasent le nez, les Tartares s'efforcent de leur rendre la tête conique, alors que certains Indiens lui donnent une forme pyramidale.

La durée de la lactation n'a pas moins varié : deux ans chez les Juives et les Romaines, quatre chez les Tartares chinois, cinq au Brésil, au Canada et en Sibérie, etc., etc. Au lieu de se contenter du lait, nos paysannes les bourrent de pâte cuite à l'eau ; en Asie, les mères mâchent au préalable les aliments, les Tongouses leur font sucer un gros morceau de lard, etc. Les sauvages du Missouri et du Canada suspendent leurs enfants dans une peau d'animal, les Tongouses les tiennent constamment assis comme dans une chaise, les Brésiliennes les portent suspendus à une bande placée autour du cou, les Chiliennes se plongent elles-mêmes avec leurs enfants dans de l'eau immédiatement après l'accouchement, les Irlandaises les immergent dans de l'eau froide, les Lapones les exposent tour à tour à la glace et à l'eau chaude, les Spartiates les habituaient à la douleur en les frappant, les Canadiennes à l'abstinence et à l'action du feu ; et pourtant, malgré la diversité de ces pratiques, la nature a conservé le caractère de notre type primordial. « Et d'ailleurs, s'écrie-t-il, pourquoi irais-je chercher si loin des preuves que les enfants sont élevés dès le premier âge d'une manière complétement irrationnelle ? Ne les avons-nous pas sous les yeux ? Les enfants ne sont-ils pas encore emmaillottés, c'est-à-dire enveloppés de liens à la manière des Egyptiens, lorsqu'ils avaient l'intention de momifier un cadavre. Ne sont-ils pas habillés comme si on avait peur qu'ils aient l'air d'être en vie ; et comme dit Jean-Jacques, ces vêtements ont-ils d'autres avantages que de pouvoir fixer ces pauvres créatures à un clou ». Aussi leur mortalité est-elle effrayante ?

L'éducation doit contribuer à éveiller peu à peu la vie intellectuelle et morale de l'enfant, afin qu'il puisse avoir un jour de l'estime pour lui-même, et que, comprenant l'époque où il vit, il puisse, dans l'intérêt de la société, mettre son individualité en harmonie avec elle. En un mot, l'éducation doit avoir en vue l'homme et le citoyen. Cette seconde partie de sa tâche ne dépend-elle pas surtout de l'heureuse impulsion d'un gouvernement moral? « Malheur aux peuples qui vivent sous l'influence d'un gouvernement qui, loin d'être le contrepoids de la démoralisation individuelle, s'en sert comme d'un levier pour vaincre les obstacles qui s'opposent à l'exécution de ses volontés ! Le moi, l'égoïsme, cette hideuse lèpre sociale, prédominant alors sans obstacle, il fait qu'on rencontre l'homme partout, le citoyen nulle part !... » (1).

Cette étude, très-curieuse à mes yeux et surtout très-personnelle, devait être continuée ; mais l'auteur, absorbé par d'autres soins, n'a point tenu sa promesse. La science anthropologique y eût assurément gagné un chapitre curieux ; car, complétée par de nouvelles recherches, elle eût comblé une lacune et mis au jour des particularités extrêmement intéressantes.

____

(1) Académie royale du Gard, séance du 14 mars. *Courrier du Gard*, 8 mai 1840, n° 970.

III.

Pour atteindre à la perfection, trois notions sont nécessaires au médecin : la notion du mal, la notion du remède et la prescience de l'avenir. La souffrance de l'organe malade, la lésion dont il est frappé ou simplement menacé se déterminent par l'analyse clinique des symptômes ; le choix de la méthode thérapeutique est dicté par la nature de la maladie et de la constitution climatérique, par la connaissance du tempérament et des antécédents de l'individu ; enfin, les éléments du pronostic sont fournis par les terminaisons naturelles du mal, la juste appréciation du remède et de la force de résistance du sujet.

Posséder, dans tous les cas, ces notions est l'idéal du médecin ; mais, s'il est naturel qu'il y prétende, il ne lui est pas toujours aisé d'y arriver. Les difficultés proviennent, tantôt du diagnostic qui reste obscur, tantôt du médicament qui est mal choisi, tantôt du dénoûment qui, mal déterminé, trompe les prévisions en apparence les mieux fondées. Pour surmonter ces difficultés, l'homme de l'art a, avec les données de la science, les enseignements de la pratique et la faculté complexe qui a été appelée *instinct* ou *tact médical*.

Le tact est aux médecins ce que le goût est à ceux qui suivent la carrière des beaux-arts ou de la littérature. Il fait mieux voir, il fait deviner les secrets de la nature en rapetissant les symptômes accessoires et grossissant les symptômes caractéristiques ; il fait venir à l'esprit la méthode qui guérit et non celle qui pallie ; il arrache les voiles de l'avenir et permet de prédire avec netteté le dénoûment.

Lié au savoir, perfectionné et rendu plus certain par lui, ce privilége avait été départi à M. Pleindoux ; il en avait reçu le germe des mains de la nature et l'avait considérablement développé par le travail. Il s'en faisait gloire à juste titre, car il lui dût en partie dès l'origine l'éclat de sa réputation. Il avait foi en lui-même, et sa conviction, il savait la faire partager à ses auditeurs.

Parvenu vite à la renommée, il a eu le bonheur d'en savourer tous les enivrements et la rare faveur de conserver intact le prestige de son autorité. En dépit de l'inexactitude proverbiale du médecin, de ses idées systématiques, des boutades et des caprices de l'homme, une clientèle choisie lui est restée constamment fidèle et garde encore aujourd'hui son sympathique souvenir. Cette confiance absolue, hommage dû au mérite incontesté du praticien, eut pour effet de rendre celui qui en était l'objet vraiment esclave du devoir professionnel. Toujours à la tâche, toujours sur la brèche, appelé de côté et d'autre pour donner un avis et prononcer dans un cas grave, il n'a pu chercher au dehors une diversion à ses occupations favorites, et a rarement demandé aux voyages le repos nécessaire à l'esprit du travailleur. Deux fois seulement, il a pu effectuer des courses lointaines, et encore le médecin et le chirurgien y ont-ils eu une part plus large que le touriste. A Rome, où l'avait appelé la foi du fervent catholique (K), il ne s'absorbait pas dans la contemplation exclusive des monuments anciens et consacrait de longues heures à étudier l'organisation des hôpitaux (L). Quelques années plus tard, en 1865, pendant un voyage à Londres, il délaissait ses petites-filles qui l'avaient accompagné, afin d'approfondir la pratique anglaise et d'accroître ainsi la somme de ses connaissances.

Cette curiosité pour les faits de la science, à laquelle il avait dû, avec les faveurs du public, les douceurs de la fortune, ne l'abandonna jamais; et, en dépit des années, il resta jeune et enthousiaste pour toutes les nouveautés. Il prenait intérêt au progrès et était disposé à lui faire bon accueil, dès qu'il lui semblait le mériter. Cette disposition d'esprit l'exposait, il est vrai, à des mécomptes; mais s'il avait peine à revenir du jugement qu'il avait porté, du moins ne s'obstinait-il pas à en maintenir le bien fondé. Dans les conversations intimes, il soutenait volontiers des thèses hasardées, de véritables paradoxes, mais c'était le plus souvent dans un but de controverse ou d'amusement. Il déployait dans les discussions tant d'esprit, de souplesse et de subtilité qu'il lui était bien difficile de résister à la tentation.

L'habitude de vivre au milieu des souffrances ne lui avait point séché le cœur, et, scrupuleux observateur des préceptes de la médecine, il était l'ami et le consolateur de ses malades. Il était impérieux et compatissant tout à la fois : impérieux, lorsque les circonstances exigeaient une décision prompte ; compatissant, lorsque la cure réclamait de longs jours. Il savait alors trouver des mots heureux pour calmer les ennuis de l'attente et dérider les physionomies. Dans cette tâche, où il excellait, il oubliait parfois le cours du temps.

Parlerai-je de ses opinions en politique ? de ses idées en agriculture ? de son penchant à la critique ? Mais ces particularités sont trop connues pour qu'il y ait lieu de s'y arrêter. L'homme était trop répandu, d'ailleurs, pour que je doive compléter le portrait qui vient d'en être esquissé.

Avec une semblable vie, le repos ne pouvait être que le prélude de la mort. Pour ainsi parler, il a succombé à la tâche (M).

Prodigue de soins envers les autres, il oublia de s'occuper de lui ; il résista tant qu'il put à la maladie de foie dont il était atteint ; puis, quand les forces firent défaut à la volonté, sans se faire illusion sur son état, il se prépara à bien mourir. Le digne successeur de Mgr Cart, Mgr Plantier, dont il était le médecin et l'ami, le visita à plusieurs reprises, et la religion lui donna le courage de dire adieu à sa famille et à ses amis.

Après une longue agonie, la mort le trouva prêt, le 11 avril 1868, à sept heures du soir.

Les funérailles furent dignes de la renommée du médecin.

La ville tout entière, sans distinction de cultes, de classes et d'opinions, tint à honneur de l'accompagner jusqu'à sa dernière demeure. Sur la tombe, MM. Démians, Brouzet et Périer, célébrèrent par des discours éloquents les mérites du citoyen, de l'homme de cœur et du praticien éminent (N).

En écrivant cette notice, j'ai dû m'inspirer et de l'Académie dont je suis l'organe, et de la science médicale dont je suis l'un des pionniers les plus obscurs. A la première, j'ai emprunté les sentiments d'impartialité qui l'animent ; à la seconde, la méthode qu'elle applique tous les jours pour compléter les notions acquises. C'est ainsi que je me suis efforcé de retracer une vie qui peut servir à beaucoup d'encouragement et de modèle : j'ai montré M. Pleindoux, fils et petit-fils de médecins, recevant une éducation dirigée vers un but exclusif ; je l'ai montré développant les qualités que la nature lui avait départies avec une rare largesse, arrivant de bonne heure à la renommée, et, par la persévérance de son labeur, sachant conserver la position élevée que nous lui avons vu si dignement occuper.

APPENDICE.

Pour donner à cette notice biographique plus de réalisme que n'en comporte le genre académique, quelques notes ont été ajoutées au texte. A raison de la diversité de leur provenance, elles n'ont pas été recueillies sans difficulté ; mais je regretterai peu le travail qu'elles m'ont coûté si, remplissant le but que j'ai cherché à atteindre, elles jettent quelque jour sur l'histoire de la médecine dans notre ville. Je profite de cette occasion pour remercier les nombreuses personnes qui m'ont aidé dans ces recherches.

A. — Le retard apporté à la publication de cette notice est tout à fait indépendant de la volonté de l'Académie. Sans parler des regrets sympathiques que son président, M. Viguié, exprimait en son nom dans le discours prononcé lors de la séance annuelle de 1868, elle a, à deux reprises différentes, chargé un de ses membres de retracer la vie de notre distingué confrère. Ainsi, l'année même de la mort, elle confiait cette mission à un de ses zélés correspondants, M. le docteur Amédée Aillaud, de Beaucaire. Celui-ci, ancien interne à l'Hôtel-Dieu de Nimes, était mieux préparé que personne à cette tâche, et c'est ce qui avait dicté le choix de l'Académie; malheureusement, il mourut avant d'avoir pu tenir sa promesse. Un maître en l'art de la parole, notre regretté confrère M. Ernest Rédarès, en fut ensuite chargé ; mais, atteint à son tour par une cruelle maladie, il n'a pu davantage remplir ce devoir

B. — Alexandre Pleindoux, né à Beaucaire vers 1775, est décédé à Langlade, dans la campagne de son fils, le 12 mai 1853. Sa thèse, présentée à l'Ecole de médecine de Montpellier, le 25 nivose an x, a pour titre : « *Question d'hygiène et de médecine ; importe-t-il au bien de l'espèce humaine que l'inoculation de la vaccine soit préférée à celle de la petite vérole ; ou non ?* Elle compte 34 pages, in-4°, et est dédiée

« A CLAUDE MOURRET, mon beau-père, qui honora la chirurgie par ses talents et qui honore aujourd'hui les tribunaux par son austère probité ».

A MARIE BENOIT, ma mère, qui a sacrifié tous les instans de sa vie au bonheur de ses enfans ;

A HENRIETTE DEVILLE, ma belle-mère, femme précieuse par ses qualités et ses vertus ;

A une ÉPOUSE que j'aime tendrement ;

A un FRÈRE qui a toujours partagé mes peines ;

A deux BELLES-SŒURS aimables ;

Et à tous ceux de qui j'ai reçu des bienfaits » (1).

Elle vante les avantages de la vaccine, et nous apprend que la ville de Beaucaire lui doit l'introduction de cette pratique. Elle avait été précédée par la publication d'une notice ainsi intitulée : « A. Pleindoux à ses concitoyens sur la vaccine, in-8°, Nimes, an IX, et *Journal du Midi,* n° 12, p. 90 », et se termine par les phrases suivantes : « Cet écrit, tracé rapidement par rapport aux *circonstances impérieuses que ma position a fait naître,* est informe sans doute. Il est peu digne de l'école célèbre à laquelle j'ose le présenter ; mais, lorsque j'ai sacrifié des intérêts très-pressants pour me voir honorer des suffrages des professeurs illustres qui la composent, puis-je craindre de ne pas éprouver une dernière portion d'indulgence pour laquelle je conserverai toute ma vie le souvenir le plus attendrissant » ?

---

(1) Nous avons reproduit *in extenso* ces dédicaces ; d'une part, parce qu'elles nous donnent des renseignements précieux sur la famille, et de l'autre parce que leur forme caractérise le goût de l'époque.

Deux discours sur la vaccine, prononcés en séances particulières du comité central de vaccine du département du Gard. Nimes, chez Gaude fils, imprimeur-libraire, Grand'rue, et chez l'auteur, rue des Orangers, 1817, in-8° de 63 pages. Cet ouvrage se distribuait gratuitement (*Journal du Gard*, 1817, n° 12, p. 48).

Dans le *Journal du Gard*, il a également publié une notice contre les effets *des corsets à busc*, contre *les remèdes de précaution*, sur la *médecine populaire*, etc., etc.

Pleindoux père, docteur en médecine, à un de ses collègues, *Sur la prétendue réfutation publiée par M. Tuech, pharmacien à Nimes*. Nimes, sans date, chez J.-B. Guibert, imprimeur du roi, in-8° de 43 pages. Cette brochure a eu pour point de départ un empoisonnement survenu à la suite de l'ingestion de calomel mal préparé.

M. Tuech ayant répliqué dans une brochure intitulée : « *Examen critique de la lettre de M. Pleindoux père* », celui-ci se borna à en relever deux allégations, dans une lettre adressée au rédacteur du *Journal du Gard*, en date du 2 décembre 1826 (*Journal du Gard*, n° 96, 6 décembre 1826, p. 383).

Réponse du docteur Pleindoux père, médecin à Nimes, à ce que les journaux de Paris : le Droit, les Débats, le Temps et autres, lui font dire dans l'affaire Tozzoli, Ratti, Numa Raymond, Brussi, etc., etc., ou association de malfaiteurs, jugée par la Cour d'assises de l'Hérault (Montpellier), le 1ᵉʳ août courant 1841.

Nimes, sans date, imprimerie de C. Triquet père et fils, de 7 pages in-8°.

Observation de médecine obstétrique, lue à la Société de médecine du Gard. *Journal de la Société de médecine pratique de Montpellier*, 1845, t. XI, p. 372 à 382 ; cette communication intéressante est citée dans mes recherches statistiques sur les accouchements multiples à Nimes.

Traitement de l'hydrocèle par les fomentations alcooliques, lettre adressée au rédacteur de la *Gazette des hôpitaux*, en date du 12 février 1846. Cette lettre a été réimprimée et publiée sous ce titre : « *Extrait de la Lancette française, Gazette des Hôpitaux civils et militaires*, du 26 février 1846, n° 24 ». Nimes, veuve Guibert, imprimeur de la préfecture, sans date, de 8 pages in-8°.

Alexandre Pleindoux père, *médecin à Nimes*, AUX ÉLECTEURS INDÉPENDANTS DU DÉPARTEMENT DU GARD. Nimes, typ. veuve Guibert. Profession de foi pour les élections de 1848, une page in-4°.

C. — Débuts de M. Augustin Pleindoux :

« Si l'annonce d'un talent naissant, et qui promet d'être des plus distingués, peut faire plaisir à la cité pour laquelle ce talent se développe, nous apprendrons à nos concitoyens que nous avons assisté, lundi dernier, 2 du courant, à une opération de la taille faite au sieur Canonge, faiseur de bas, demeurant rue du Chemin d'Uzès, par M. Pleindoux fils. Ce jeune opérateur, encore élève à la Faculté de Montpellier, a délivré l'individu que nous citons d'une pierre très-grosse. Dans l'exécution de cette grande opération, il a montré des connaissances, une dextérité, une assurance et un sang-froid qui honoreraient le professeur le plus expérimenté.

» Son malade est entièrement rétabli ; il n'a eu d'autres accidents que ceux qui suivent ordinairement une plaie simple.

» UN ABONNÉ ».

Journal du Gard, n° 12, mercredi 11 juin 1817, p. 46.

« Le jeune opérateur, dont il a été question dans le *Journal du Gard* du 11 juin 1817, M. Pleindoux fils, tout en continuant le cours de ses études à la Faculté de médecine de Montpellier, où il est chef de clinique interne, vient de temps en temps nous donner de nouvelles preuves de son talent, comme opérateur.

» Le 26 septembre dernier, il fit à Nimes, en présence de MM. les docteurs Solimani, Phélip, Montagnon et autres personnes, l'extirpation d'un cancer au sein, très-volumineux, compliqué de deux glandes squirreuses dans le creux de l'aisselle, qui furent également enlevées. Les médecins qui furent présents à cette grande opération ne purent s'empêcher de faire à l'opérateur les plus grands éloges.

» Tout récemment, le 20 du mois dernier, il a fait aussi à Nîmes l'opération d'une fistule à l'anus, très-compliquée, dont l'individu est déjà guéri.

» Le 26 du même mois (mars), il a fait à Beaucaire l'extirpation d'un mélicéris qui a pesé cinq livres et quart, que portait sur le côté gauche du dos une jeune femme de Beaucaire ; l'enlèvement de cette énorme bosse a frappé tout le monde d'étonnement.

» Le 31, il a fait, également à Beaucaire, l'opération de la taille à un jeune garçon âgé de sept ans, qu'il délivra, dans quelques minutes, d'une pierre très-grosse.

» Ces deux dernières opérations ont été faites en présence de M. Bassignot, médecin distingué de cette ville (Beaucaire) ; M. Paul, chirurgien en chef des hôpitaux de Beaucaire ; MM. Richard père et fils, chirurgiens en chef des hôpitaux de Tarascon, et autres gens de l'art.

» Enfin le 6 de ce mois, il a délivré Mme Rey, au Grand-Gallargue, d'un cancer volumineux qu'elle portait au sein droit. Cette dernière opération a été faite en présence de MM. Prouget et Martin, chirurgiens du lieu ; M. Gaussain, chirurgien d'Aiguesvives, et d'autres personnes également distinguées.

» Nous ne ferons point mention d'autres opérations faites par M. Pleindoux fils, comme l'extirpation d'une loupe sur la région temporale droite, la cure radicale d'un hydrocèle, et autres, appartenant, comme on dit, au domaine de la petite chirurgie ; elles ne peuvent pas être mises en parallèle avec les grandes choses que ce jeune opérateur a déjà faites.

» Nous nous abstenons de toutes réflexions sur de si brillants succès dans des cas si difficiles ; ces réflexions sont si naturelles que tout lecteur est à même de les faire.

» Un abonné ».

(*Journal du Gard*, mercredi 22 avril 1818).

Lettre de M. Barbusse, pasteur au Grand-Gallargues, annonçant qu'il a été opéré avec succès de trois grosses pierres (*Journal du Gard*, 20 mars 1819, n° 23).

Lettre de M. Raget, docteur-médecin, annonçant une

taille faite sur un enfant de sept ans, par M. Pleindoux fils aîné (*Journal du Gard*, 12 mai 1819, n° 38).

D. — Cette thèse intitulée : « *Essai sur la philosophie médicale* », fut soutenue le 12 février 1819; elle porte pour épigraphe : « Λεγε πρακτικως και πραττε λογικως ». Elle est précédée de deux dédicaces :

« A mon premier maître, mon meilleur ami et mon père, M. Alexandre Pleindoux, docteur en médecine de la Faculté de Montpellier, ancien membre correspondant de la Société de médecine pratique de la même ville, du Comité de vaccine établi près S. Exc. le Ministre de l'intérieur, de la Société de médecine pratique de Paris, de celle de Marseille ; membre actif de la Société de médecine du Gard, du Comité central de vaccine du même département ; Chirurgien du Bureau de bienfaisance, du Dépôt de mendicité et des Prisons de la ville de Nimes, etc., etc.

» Je ne te dirai pas combien il m'est doux de t'offrir mon premier ouvrage !.... Les efforts que j'ai faits pour l'effectuer ne sont rien en comparaison de ceux dont je me sens capable pour te prouver mon amour et contribuer à ton bonheur ».

« A M. Louis-Castor Moustardier, docteur en pharmacie de l'Ecole spéciale de Montpellier ; ex-pharmacien en chef de la division de l'aile droite de l'armée d'Italie ; membre honoraire de la Société de médecine du Gard ; ex-membre de l'Institut du même département, etc., etc.

» C'est avec enthousiasme que je vous fais hommage de ce travail : comme à mon père, ce père qui a tant fait pour moi, il vous est dû. Puissiez-vous y trouver la preuve que vous occupez la même place dans mon cœur » !

Cette thèse, qui porte le n° 6, compte 91 pages in-4°.

E. — Le mariage civil eut lieu le 22 février 1819, par devant M. Corraud, adjoint. Le procureur du roi avait donné une dispense pour la dernière publication. Mlle Jeanne-Marguerite-Elisabeth Moustardier, était née le 5 floréal de l'an VI, c'est-à-dire le 24 avril 1798. Les témoins furent MM. Guillaume Fevat, avoué ; André Michel, épicier ;

Antoine Conte, négociant, et Bedos, étudiant en pharmacie.

F. — M. Pleindoux, à la suite d'une délibération en date du 8 juillet 1823, fut présenté à l'agrément de l'autorité supérieure en qualité de chirurgien en chef des hospices ; quant à la date de la nomination, les recherches effectuées n'ont pu aboutir à la faire retrouver.

La commission administrative était alors composée du maire, M. Auguste Cavalier, de MM. Chassanis aîné, Dupin, Fornier de Clausonne, Blanchard et Daniel Murjas.

Nommé administrateur des hospices par arrêté préfectoral en date du 9 janvier 1868, M. Pleindoux a exercé les fonctions de chirurgien en chef pendant quarante-trois ans. Durant ce laps de temps, son œuvre a été considérable, mais, faute d'avoir été publiée, elle est difficile, pour ne pas dire impossible, à apprécier. Les thèses émanant des anciens internes de l'Hôtel-Dieu ont été dépouillées ; mais, si bon nombre y ont consigné leurs remerciments pour l'éminent praticien, quatre seulement y ont relaté des exemples empruntés à son service ; ce sont Czerniewicz (*Thèses de Montpellier* 1837, n° 172) ; Aillaud (*id.*, 1847) ; Moré (*id.*, 1847) ; Mattei (*Thèses de Paris*, 1846). Chabrier (*Ann. clin. de Montpellier*, 1857, p. 170), a raconté, de son côté, une opération remarquable de hernie étranglée.

G. — « On a reçu des lettres intéressantes du docteur Pleindoux qui suit avec activité le traitement de la maladie dans divers hôpitaux, n'étant spécialement attaché à aucun d'eux » (*Courrier du Gard* du 20 avril 1832). « M. Pleindoux est arrivé hier, lundi, en bonne santé, et s'est trouvé aussitôt entouré des marques d'intérêt, non-seulement de ses amis, mais de tous les citoyens qui savent apprécier le courage, le patriotisme et le désintéressement » (*Courrier du Gard* du 4 mai 1832).

H. — Cette lettre fut publiée par fragments dans le *Courrier du Gard* du 8 mai : « Que je voudrais y soustraire tous mes concitoyens ! Placés sous un soleil brûlant, j'ai craint que le choléra ne fît chez eux de très-grands ra-

vages ; aussi, n'ai-je pas hésité à sacrifier tous mes intérêts pour aller l'étudier ».

I. — M. Pleindoux fut élu membre du conseil municipal
en vertu de la loi du 21 mars 1831, par 78 votants, avec le
n° 23 sur une liste de trente-six conseillers ; en 1834, il
obtient le n° 1 avec 132 suffrages ; au renouvellement de
1837, il obtient le n° 3 ; aux élections de 1840, il prend le
n° 23 avec 78 suffrages ; au renouvellement de 1843, il prend
le n° 22 ; enfin, aux élections de 1846, il obtient le n° 15
avec 101 suffrages. C'est à la suite de cette dernière élec-
tion qu'il fut nommé adjoint au maire de Nimes par or-
donnance royale du 22 novembre 1846. Il exerça très-peu
de temps cette fonction et, après un court intérim comme
maire, pendant la durée d'une session de la chambre des
pairs, il se retira.

Le 26 février 1848, il fit partie de la commission muni-
cipale transitoire ; et, aux élections d'avril 1848, il obtint
le dixième rang avec 7070 suffrages. Après le coup d'Etat,
il ne se présenta pas ; mais, aux élections de 1865, il fut
réélu par 2718 suffrages.

J. — Il remplaça à l'Académie du Gard M. Roux-
Ferrand, et fut nommé dans la première séance de janvier 1840. Outre le mémoire analysé, il a fait, en 1863, un
rapport verbal sur le concours relatif à l'Eloge d'Amoreux.

K. — En 1855, Mgr Cart était, depuis plusieurs mois,
en proie aux souffrances d'une cruelle maladie. Témoin
journalier de la patience surhumaine du saint évêque, le
docteur Pleindoux contemplait avec admiration cette sé-
rénité qui souriait à la violence et à la continuité du mal.
Que se passa-t-il dans son âme ? Nous l'ignorons, mais
nous savons, par une lettre publiée dans l'*Opinion du
Midi*, que l'enfant du xviiie siècle était devenu catholique
pratiquant. Suivant l'expression du poète, le lit de douleur
continuait l'apostolat, et l'arbre mourant donnait encore
des fruits. On peut lire encore, à ce sujet, la belle pièce de
vers publiée dans les *Traditionnelles* et dédiée par Reboul
à l'éminent praticien.

L. — Je fais ici allusion à ses conversations et à un article ayant paru, à la date du 30 janvier 1860, dans la *Revue catholique du Languedoc* (t. I, p. 417). Cet article intitulé : « Une visite d'hôpital », et adressé à l'abbé Delacroix, n'est point, il est vrai, signé, mais il n'est douteux pour personne qu'il n'émane de la plume de M. Pleindoux.

M. — Il fut très-vivement impressionné par la mort du docteur Fontaine, et prononça sur sa tombe, au nom de l'Académie et du corps médical, un discours très-ému. A cette époque, sa physionomie déjà altérée trahissait, pour un œil exercé, les premières atteintes de la maladie qui devait, quelques mois plus tard, amener la mort.

N. — Le compte rendu des funérailles se trouve dans le *Courrier du Gard* des 12, 13, 14 avril 1868, n° 102, avec les discours des docteurs Brouzet et Périer. Le discours prononcé par M. Démians a été publié à part sous ce titre : « *Discours prononcé sur la tombe du docteur Pleindoux aîné, par Auguste Démians*, Nimes, typographie J. Roumieux et Ce, place de la Belle-Croix, sans date, in-8° de huit pages ».

(Extrait des *Mémoires de l'Académie du Gard*, année 1875,)

Nimes. — Typ. Clavel-Ballivet, rue Pradier, 12.

9 782014 030488